¿Y tú qué emprendes en verano?

Cómo mantener tus ventas activas también en temporada baja

Mónica Álvarez Álvarez
(autora y coordinadora)

Texto compilado a partir de las

1as Jornadas de Verano para Mamás Empresarias 2015

Mónica Álvarez (autora y coordinadora)

Azucena Caballero – Leticia del Corral – Lily Yuste – Lydia Martínez – Yolanda Castillo – Vivian Watson (autoras)

Indice:

MÓNICA ÁLVAREZ ÁLVAREZ (autora y coordinadora)

Testimonios

El curso me ha ayudado a motivarme otra vez con mi emprendimiento, poder ver opciones diferentes a las que normalmente tenía desde otro enfoque. Me ha resultado muy positivo. Es como si hubieran apretado el botón "ON" y ya me puse en marcha. Además me llegó muy hondo la generosidad con que se ha hecho el curso. ¡¡Muchas gracias Mónica!!

Liliana Lund http://www.EspacioPerinatal.com

He encontrado información válida, de calidad. No un simple producto publicitario. Y con la posibilidad de hacer contactos a través del grupo de fb.

Es un regalo espléndido. Cubre multitud de aspectos, tanto on line como para quien tenga un negocio presencial. E invitan a profundizar más sobre los temas que nos resultasen más prácticos a cada una.

Para trabajar el embudo de ventas, la temporalidad, las campañas para épocas concretas, etc. es necesario saber que existen.

Y cuando estás empezando y no ganas un duro, que alguien te enseñe tanto por tan poco, es un empujón super valioso en todos los sentidos.
Mara Menéndez http://www.KairosLudus.com

Durante el verano tuve la oportunidad de participar y vivir las Jornadas de Verano y no me arrepiento porque el alto valor agregado no estuvo en los videos ni en los PDFs, pues estos se convirtieron en la plataforma para salir de mi zona de confort, quitarme el caparazón y dedicarme a escribir mis opiniones e ideas sobre la educación infantil, ahora tengo el lugar ideal para compartir al mundo mi enfoque de criar/educar, respetando siempre la naturaleza infantil.
Agradezco mucho a quien ideó esta iniciativa que me ha permitido conocer a personas extraordinarias de las que he aprendido mucho.
Sinceramente:
Alicia Núñez Carreón http://www.CrianzaSana.com

Introducción

¿Cómo lograr mantener intactos tus ingresos en los meses de verano?

Este ebook trata de responder a esta pregunta desde la óptica y la perspectiva de 7 empresarias que conocen bien las dificultades que impactan en las ventas en los meses estivales:

- Tus clientas se van de vacaciones
- Tus clientas tienen la cabeza ocupada con sus hijos que están de vacaciones
- Tus clientas tienen la cabeza en sus propias vacaciones
- Tú tienes la cabeza pensando en las vacaciones
- Tus hijos están en casa y quieres dedicarles más tiempo
- Los planes para salir a disfrutar del sol con la familia aumentan y se reducen las horas de trabajo
- ...

Te entendemos perfectamente porque todas nosotras somos mamás y empresarias que vivimos de una manera u otra todas estas dificultades.

En las próximas páginas vamos a contarte las estrategias, herramientas y formas de trabajar que nosotras mismas utilizamos con las logramos que la temporada de verano impacte lo menos posible en nuestros negocios.

Todos estos "trucos" ahora también los vas a poder utilizar tú.

Cada una de nosotras te aportará una visión muy concreta del problema con la solución que aplica.

En este libro encontrarás soluciones muy prácticas, sencillas, concretas...

Tal vez ya las estás aplicando en tu negocio porque es verdad que no vamos a descubrirte la rueda ni te vamos a vender secretos milagrosos.

Lo que te vamos a explicar es cómo aprovechar todas estas herramientas que seguramente tú ya tienes, para sacarles el mayor partido y automatizar tu negocio, recuperar y reciclar productos que ya tienes hechos, ayudarte de tu lista de correo, enfocar tu energía en tu trabajo en los días en que estás más fuerte...

Para que sumando pequeñas acciones puedas lograr pasar un verano tranquilo y sin agobios porque el dinero va a fluir en tu cuenta sin grandes problemas.

Y por supuesto, si aplicas estas acciones el resto del año que las ventas se dan mejor, tu negocio florecerá como un jardín en primavera.

¿Quieres participar además en nuestro grupo de networking en facebook?

No tienes más que acudir a la siguiente dirección:

https://www.facebook.com/groups/ytuqueempr endesenverano/

Y pedir el ingreso.

También tenemos página web desde la que se gestó todo el proyecto:

http://www.hazteexperta.com/y-tu-que-emprendes-en-verano-1as-jornadas/

MÓNICA ÁLVAREZ ÁLVAREZ (autora y coordinadora)

Tu Ciclicidad al Servicio de tu Trabajo on-line

Mejora tus Resultados Optimizando las Habilidades de tus Fases Cíclicas

Por Lily Yuste

Ser Emprendedora Consciente en el siglo XXI no es fácil.

Nietas de un patriarcado que nos quiere sumisas, calladas y sin independencia económica...

Un patriarcado que durante siglos nos ha despojado de nuestros derechos, de nuestros sueños y de nuestro poder femenino.

Un patriarcado que nos ha educado a ser menos que los hombres, a depender de ellos económicamente y emocionalmente.

Hijas de una sociedad que nos quiere trabajadoras masculinizadas y lineales...

Una sociedad que nos ha empujado a nosotras, la nueva generación, a estudiar para poder trabajar y obtener su libertad económica frente al patriarcado y a las viejas usanzas... pero que se ha olvidado de nuestro ser mujer, que nos ha encerrado en una espiral de consumismo donde tenemos que elegir si ser madres o trabajadoras.

Y nos han hecho creer que ahora no tenemos que quejarnos porque tenemos la igualdad... pero no entendemos que el objetivo NO es la igualdad justamente porque *nunca podremos ser iguales*, simplemente porque **nosotras somos mujeres.**

No somos lineales como los hombres, sino CÍCLICAS.

Todas las Mujeres somos Cíclicas.

Vivimos, sentimos y trabajamos de 4 formas diferentes según la fase hormonal que atravesamos.

Nuestro objetivo entonces, NO es la igualdad, sino **la OPTIMIZACIÓN de las HABILIDADES que tenemos como MUJERES.**

Y el primer paso es conocernos.

Conociendo tu ciclicidad y aplicándola a tu vida, y más en detalle a tu trabajo:

- obtendrás resultados que reflejan tu verdadero Ser Mujer
- mejorarás tu organización
- trabajarás de forma más enfocada
- seleccionarás de forma consciente   tus

diferentes tareas
- obtendrás claridad
- sabrás canalizar tu creatividad

En definitiva, obtendrás **MEJORES RESULTADOS porque OPTIMIZARÁS TUS HABILIDADES FEMENINAS.**

En este capítulo quiero hablarte más en detalle de las características de cada fase cíclica para que, conociéndolas, puedas identificarlas en ti misma y aprovechar las habilidades de cada fase en tu negocio.

Fase Pre-ovulatoria – Fase Doncella
Días 7-13 de tu ciclo

Segura de sí misma, independiente y impulsiva.

Se rige por sus ideales, establece sus objetivos y planifica de forma realista cómo llegar hacia ellos.

Analítica, atenta a los detalles, dinámica a nivel mental y físico y mentalmente fuerte.

Necesita menos descanso y aprovecha el pensamiento claro para estudiar y eliminar tareas pendientes.

Controla con eficacia la situación financiera de su negocio.

Es el momento óptimo para:

- trabajos técnicos en la web
- redactar calendario de publicaciones
- planificar campañas de e-mail marketing
- trabajar en la programación de publicaciones en las redes sociales

Fase Ovulatoria – Fase Madre
Día 14-20 de tu ciclo

Nutridora y empática.

Da todo lo que puede a sus clientes atrayéndolos con su entrega incondicional.

Se implica en lo creativo y en lo procreativo y ama trabajar con colaboradoras.

Es más receptiva a las ideas de los demás y no impone su punto de vista.

Es el momento óptimo para:

- desarrollar trabajos comunicativos
- escribir textos centrados en las necesidades de tu audiencia
- dar entrevistas
- grabar conferencias y videos
- tratar con los clientes en sesiones gratuitas, días vips y mentoría privada

Fase Pre-menstrual – Fase Chamana
Día 21-28 del ciclo

Creativa y conectada con el Inconsciente.

Capaz de soñar y intuitiva.

Menos vigor físico pero más inquietud.

En la creatividad de su trabajo encuentra la satisfacción personal.

Desapegada, sabe abandonar una idea si no le da los resultados que busca.

Auto-crítica, necesita trabajar constantemente en su autoestima.

Es el momento óptimo para:
- trabajos creativos
- minimizar tareas
- crear elementos gráficos

Fase Menstrual – Fase Anciana
Día 1-6 del ciclo

Sabia y Introspectiva.

Sabe buscar la solución perfecta a los problemas de su Negocio.

Sensible, sabe rebajar sus expectativas para centrarse en sí misma.

Busca su propia satisfacción personal en los

resultados de sus clientas.

Es el momento óptimo para:
- trabajos de reflexión
- revisar estadísticas
- obtener una visión global de tu negocio
- ponerte metas
- concebir ideas

Como ves, CADA UNA de estas 4 Emprendedoras que se manifiestan en TI en cada fase de tu ciclo PUEDE APORTAR sus habilidades a tu Negocio on-line para MEJORAR tus RESULTADOS.

Y como entenderás, en esta intervención, sólo te he hablado de los puntos principales para empieces a conocerte más y a aplicar tu ciclicidad a tu trabajo on-line.

Encuentras mucha más informaciones en mi web http://www.LilyYuste.com

Segura de que las informaciones que te he proporcionado te permitirás ver tu negocio y tus resultados bajo un enfoque más femenino, te saludo con cariño y te espero en http://www.LilyYuste.com

Lily Yuste

La colaboración como estrategia.

Para ser feliz y crecer tu negocio.

Por Yolanda Castillo

La colaboración te ayuda a salir de tu zona de confort, pero antes de salir a buscar colaboradores necesitas conocer que quieres de esa colaboración y, sobre todo, que quieres de ti misma.

Te invito a escucharme en el video cuyo enlace tienes a continuación:

https://vimeo.com/133969681
Contraseña: jornadas1

Descarga el pdf de la ponencia aquí:

http://bit.ly/1W4gFMV

Muchas gracias por tu atención. Si quieres ampliar esto que te he contado encuentras abundante información en http://www.yolacastillomx.com

Yolanda Castillo

MÓNICA ÁLVAREZ ÁLVAREZ (autora y coordinadora)

Incrementa tus ventas

Agrega los tres ingredientes básicos a tu negocio local e incrementa tus ventas.

Por Lydia Martínez

Lo que vas a encontrar en este capítulo:

Introducción.

INGREDIENTE 1.- Potencia tus productos o servicios.
¿Cómo potenciar los beneficios y características de mis productos o servicios?

INGREDIENTE 2.- Servicio Inigualable.
¿Cómo ofrecer un servicio inigualable que sea mi mejor publicidad?

INGREDIENTE 3.- Justifica los precios.
¿Cómo justificar el valor de mis productos o servicios?

CONCLUSIONES.

Introducción.

Según datos, citan que **el 50% de los negocios cierran puertas durante el primer año de vida** y la cifra aumenta dramáticamente durante los siguientes cinco años; alcanzando hasta un 95% de negocios que fracasan en éste periodo.

Causas principales:

Dificultad para obtener ganancias en los primeros años.

Así que, crear y montar un negocio local con el que siempre soñaste en el cual generes ventas y ganancias más allá de la satisfacción, es todo **un reto.**

Si bien todos los negocios son creados justamente para esto, para generar ventas y ganancias; no todos lo logran.

Yo te voy a compartir **mi receta**, la que apliqué durante más de 15 años.

Mi intención es compartir contigo éstas herramientas, y que generes más y mejores ventas.

Te comparto estos "Tres Ingredientes" como les llamo, y que están al alcance de todos los negocios.

El añadir cada uno en una acción específica te ayudará a incrementar y mejorar tus ventas en tu punto de venta, disfrutando del día a día en tu negocio, ocupándote de lo que te gusta sin preocupaciones por la ausencia de ventas, porque se incrementarán.

Para mí, la base son **estos tres ingredientes** básicos (más no únicos) que te invito a poner en práctica en forma continua y proactiva.

Y que son:

1. Potenciar tus productos
2. Ofrecer un servicio inigualable.
3. Justificar tus precios.

Ingrediente 1.- Potencia tus productos

¿Cómo potenciar los beneficios y características de tus productos o servicio?

21

Destacar las propiedades o beneficios que ofrecen tus productos o servicios a través de una excelente presentación.

Ayuda a tus posibles compradores a tomar la decisión de consumir en tu punto de venta y no en otro.

Un ejemplo que te ayudará a poner en práctica:

Si tu giro se trata de un **producto físico**, calzado, **juega un poco con la exhibición** mostrando el diseño de frente con una de las piezas, y la otra acostada a manera que muestre el tacón o la suela, a manera que tu cliente aprecie a simple vista las características generales y le invite a entrar a probárselas.

Una vez dentro de tu tienda, tendrás más oportunidad de mostrar otras opciones o explicar en forma amplia los beneficios en diseño o comodidad que ofrece 'x' calzado.

Si se trata de un **servicio**, de igual manera hazle saber y destaca los beneficios que ofreces a través de tus servicios ejemplo: clínica de belleza.

Tintes naturales libres de químicos o tintes en sólo 30 minutos; **potencia la diferencia y beneficios.**

Ingrediente 2.- Servicio inigualable

¿Cómo ofrecer un servicio inigualable que sea mi mejor publicidad?

Primero que nada, ponerte en los zapatos de tus posibles clientes.

Establecer esta forma empática de lo que te gustaría recibir en lo que se refiere a servicio al cliente y ésta es la mejor vía: la **empatía.**

Desde **cómo te gustaría ser recibida/o:**

- Con un saludo de bienvenida y poniéndose a tus órdenes para lo que sea de ayuda.

- Si es de tu agrado o no que el colaborador se mantenga cerca de ti por si se te ofrece algo o prefieres sólo que acuda en caso de que requieras ayuda.

- Si prefieres que a la hora de pagar te den todas o parte de las especificaciones de uso en el producto o servicio que vayas a comprar.

- Que tengan preparación para asesorarte lo más posible, y esto ayude en la decisión de compra.

Ingrediente 3.- Justifica los precios.

¿Cómo justificar el valor de mis productos o servicios?

Primero verifica si ofreces productos o servicios similares a los de la **competencia.** Verifica que los precios públicos estén dentro del **rango.**

Si en lo que tú ofreces, ya sea en producto o en servicio, no hay competencia; tienes mayor **margen** de manejar tu precio público sin problema.

Justifica los precios que ofreces en tu punto de venta **y añade valor** a cada uno de tus productos o servicios:

- Ofreciendo una **garantía** si es posible para ti.
- Destacando los **beneficios** del producto o servicio.
- Sumando **atención personalizada.**

De esta forma, tu cliente se irá **satisfecho** por su compra y por lo que pagó.

No hay mayor beneficio de compra como cliente que el sentirse único y atendido de ésta forma.

Conclusiones:

Recordemos aplicar **los tres ingredientes básicos** que te ayuden a **incrementar y mejorar las ventas** en tu negocio local.

1. **Potencia** cada uno de tus productos o servicios con una excelente presentación.
2. Ofrece un **servicio inigualable y personalizado**, siendo tú tu mejor publicidad.
3. **Justifica el valor de tus productos o servicios** a través de precios competitivos y apaláncate del valor agregado.

¡GRACIAS!

Y recuerda que me encuentras en mi blog: www.creandoyemprendiendo.com, Facebook, Twitter, Pinterest y Google +.

Y estate atenta a mis próximos cursos básicos.

Lydia Martínez Uribe

MÓNICA ÁLVAREZ ÁLVAREZ (autora y coordinadora)

La puesta a punto estratégica de tu empresa

El verano es un buen momento para hacer revisión de nuestras estrategias y ver hacia dónde nos queremos dirigir.

Por Leticia del Corral

La estrategia es básica en tu negocio para organizar el modo en que tus ganancias llegarán a tu cuenta.

Te lo cuento en esta dirección:

https://www.youtube.com/watch?v=fVoHo39JT Dk&feature=youtu.be

Espero que te guste y que te sirva.

Encuentras mucha más información sobre mí en:

http://www.Leticiadelcorral.com

Leticia del Corral

MÓNICA ÁLVAREZ ÁLVAREZ (autora y coordinadora)

5 maneras de hacer del verano un periodo productivo para tu negocio

Mejora tus Estrategias de Productividad y Posicionamiento También en Verano

Por Mónica Álvarez

Llega el verano y tus clientes y futuras clientes se marchan de vacaciones, se toman unos días libres... desaparecen del mapa. Tus **ventas caen,** tus ingresos se reducen y tú entras en pánico porque estás trabajando duro a pesar del calor y **no obtienes los resultados que deseas.**

Además, al tener tu negocio en stand by pierdes posicionamiento, llega septiembre y tienes que comenzar prácticamente desde 0.

Te sientes **resignada**. Parece que no se puede hacer nada para solucionar este parón veraniego, porque el hecho de que se vaya la gente de vacaciones, realmente **no depende de ti**.

Pero no es cierto.

Se pueden poner en marcha **estrategias para mantener una productividad y un posicionamiento altos** también en verano.

Y yo te voy a explicar **varias de ellas**.

Antes de leerlas, te invito a tener en mente ponencia de **Lydia Martínez,** "Incrementa tus ventas", porque te ofrece valiosos consejos que vas a poder poner en práctica en todo momento, apliques cualquier de las estrategias que te voy a mostrar.

1. Organiza tu año teniendo en cuenta esta época.

Esto sirve para todos los negocios y circunstancias.

Igual que nos explicaba **Lily Yuste** en su ponencia "Tu ciclicidad al servicio de tu trabajo on line", tú eres quien organiza tu negocio en base a un tiempo cíclico, como sería, en este caso, el calendario anual.

Los que tienen su temporada alta precisamente en verano lo saben bien: en estos meses tienen que generar lo que generarían en todo el año.

Pues tú, que estás en temporada baja en pleno verano, igual.

Tu objetivo sería generar en invierno el dinero que vas a necesitar en verano.

¿Cuánto dinero, después de pagar impuestos quieres generar al mes?

¿2000€ por ejemplo? Ponemos un número redondo y te queda una cantidad maja después de deducir impuestos.

Pues piensa que si tus meses malos son junio, julio y agosto, en los 9 meses anteriores tienes que generar 666,66€ más cada mes.

31

O sea, tienes que tener en cuenta cada mes, generar la parte que correspondería a los meses de verano:

2.666,6€ o ya puestos, ponte como meta generar 3.000€ al mes y separa la parte que correspondería a los meses de verano.

Ya sé lo que estás pensando. Que si pudieras generar 1000€ más al mes, así tan fácil, no tendrías problemas de ventas en verano.

Pues la buena noticia es que no es tan complicado.

Hace falta **estrategia y organización.**

Pero nos salimos del tema de este seminario.

Y por supuesto, una vez que te propones ganar 3.000€ al mes y lo cumples, puedes proponerte ganar 3.500.

O 4.000€ al mes.

El techo lo pones tú.

Pero de eso hablaremos otro día.

Y entonces en los meses de verano, si ya tienes el dinero que necesitas porque lo generaste en los meses de invierno, ¿qué puedes hacer con tu vida?

Pues muchas cosas:

- Irte de vacaciones
- Disfrutar más horas con tus hijos, con tu pareja
- Formarte en esa área que creas que va a enriquecer tu negocio
- Escribir tu ebook
- Leer
- Montar un curso gratuito para atraer nuevos posibles clientes
- Dale un lavado de cara a la organización de tu negocio (como te invita **Leticia del Corral** en su ponencia "La puesta a punto estratégica de tu empresa")
- Organizar nuevos cursos que pongas en marcha de cara a otoño...

Las posibilidades son infinitas.

Te recomiendo probar aquéllas que te puedan ir mejor a ti y a tu estilo de vida.

Resumen de este punto:

Genera en los meses de invierno el dinero que calcules que necesitas generar en verano y sepáralo.

2. Poner a la venta productos que ya tienes.

El punto anterior es para que lo tengas en cuenta de cara al año que viene.

Pero este verano ya puedes hacer lo siguiente:

- Montar una **campaña fresca y veraniega** para poner a la venta productos que ya tienes hechos, que puedas entregar en automático.
- Utilizar el autorrespondedor (*) para crear una **secuencia automática de emails** que eduquen a tu lista y los lleven poco a poco hacia la compra. Entregando también contenido de valor y aprovechando para interactuar con tus seguidores.

Es un verdadero trabajo montar un curso nuevo.

Seguro que este año has creado ya alguno que puedas sacarle un poco más de jugo.

Pues aprovecha todos los recursos que las redes sociales y tu servidor de listas de correo te ofrecen.

Puede ser el momento para que mucha gente se lance a comprar esos productos que antes no consumieron porque en invierno no tenían tiempo para mucho más.

Puedes **unir varios productos en un lote** y ofrecerlos por un precio único.

En internet este año se ha visto mucho el día de **"El verano Premium"** (el 15 de julio) en el que muchos comerciantes on line han puesto cursos y productos a menor precio durante 48 horas.

Suelen ser días, como la del **Black Friday** (el primer viernes después de Acción de gracias) que los posibles compradores esperan con ilusión porque ¿a quién no le gusta comprar "bueno, bonito y barato"?

Si estás leyendo esto y el 15 de julio ya pasó y no hay ningún día especial que te ofrezca la excusa de vender más barato, siempre puedes aprovechar **fechas especiales en tu familia**: cumpleaños, aniversarios, aniversario del blog, etc. para sacar una **oferta irresistible durante 48 horas** que nadie pueda dejar pasar.

Recuerda que aunque que sean productos "reciclados" tienen que ser de **calidad.**

La gente no es tonta, y se van a dar cuenta si les metes algún material de poca calidad.

Se enfadarán y esto te perjudicará a corto plazo.

Si no te queda muy claro cómo hacer esto, no te pierdas la ponencia que nos ofrece **Azucena Caballero:** "¡ Sácale jugo al verano!" que tratará este tema en mayor profundidad.

Resumen del punto:

Utiliza productos o servicios que ya tienes grabados o que tienes en funcionamiento y relánzalos con una buena campaña y una oferta irresistible que incite a la compra.

3. Prepara con antelación la campaña promocional del curso estrella que saques a la venta en septiembre.

En el tercer punto iba a hablarte de los autorrespondedores como forma de venta automatizada que puedes utilizar en verano.

Pero como mi compañera (*) **Vivian Watson** va a tratar este tema en exclusiva en su ponencia "Potencia tu negocio en internet con ingresos pasivos" voy a hablarte de otro tema.

Si no tienes un **programa estrella**, de larga duración y gran potencia, que te suponga ingresos superiores a 900€ por persona inscrita, te sugiero que vayas pensando en la posibilidad de crearlo.

En mi caso, se trata de mi **Programa Asesoras Stillbirth Support**, que tiene mucha miga y tiene una duración de 1 año.

Lo cierto es que es un programa cuya venta funciona muy bien en **septiembre** porque mucha gente se organiza su formación a lo largo del **curso lectivo**, o sea, entre octubre y mayo.

Por lo que pongo especial cuidado en que se llenen las plazas de la convocatoria de septiembre.

Para ello, trato de promocionarlo **a lo largo de todo el verano**.

El año pasado saqué un curso de una hora y media, en directo, especial, sólo para quienes se matriculaban en julio.

En agosto, saqué la misma promoción, pero ya ofreciendo el curso grabado en video.

Este año aún no he podido meterme de lleno con esta promoción porque he estado muy ocupada con la promo de estas jornadas, pero en breve me meto de cabeza.

Estáte muy atenta a cómo lo voy a hacer, porque en los próximos días publicaremos artículos en la web de Duelo Gestacional y Perinatal, en las webs de las demás docentes del curso, en las de las colaboradoras...

Se trata de meter mucho ruido, con contenido de valor, con regalos... Para crear un fuerte deseo de compra.

Y para esto el verano es ideal.

Si has cubierto tu necesidad económica en los meses precedentes, puedes dedicar julio y agosto a montar una campaña que logrará que tus plazas se vendan todas **sin problemas.**

Yo creo que **es un muy buen plan dedicar el verano a sembrar para cosechar en septiembre, cuando toque poner a la venta tu programa estrella, VIP, Premium... o el nombre que quieras darle.**

Resumen del punto:

Aprovecha la temporada baja para realizar una buena campaña promocional y venta para tu producto Premium.

4. Crear servicios o productos exclusivos para verano.

Dependiendo de en qué nicho te encuentres puedes crear tus **productos especiales para verano.**

Eso sí, te recomiendo **comenzar ya en primavera** a montarlos y a publicitar, a **sembrar expectativa,** para que en el mismo verano no tengas más que poner tu landing con un botón de paypal y recoger lo sembrado.

No tienes por qué crear productos todos los años.

Puedes tener productos especiales para verano que saques un año tras otro, con ligeros cambios y retoques, para darle un **aire fresco** cada vez.

Combinado con un autorrespondedor y una buena campaña que te traiga posibles compradores a tu lista de correo, puede ser un muy buena opción para cubrir el verano.

Eso sí.

Te recomiendo que hagas de todas formas una **previsión anual** y tengas generado de antemano el dinero de estos meses.

Así, ante cualquier **imprevisto**, estás cubierta.

Y todo lo que generes, será un **extra** que seguro sabes darle un buen fin.

Resumen del punto:

Crea un producto o servicio nuevo exclusivo para la época veraniega. Comienza ya a publicitar en primavera sembrando expectativa y deseos de compra en tus futuros clientes.

5. Crea unas jornadas, sobre un tema específico, que ofrezcas de manera gratuita.

Organizar unas jornadas es un trabajo impresionante, por eso la época de verano es perfecta para hacerlo.

Porque, si ya estás cubierta económicamente, podrás dedicar esos meses a organizar un tipo de eventos dirigidos más a **lograr suscriptores y posicionamiento en tu mercado**, que dinero contante y sonante.

Beneficios que te aporta organizar tú o participar en jornadas organizadas por otros:

- **Aumento exponencial de tu visibilidad** como empresaria.
- **Relaciones estratégicas** con los otros ponentes e incluso con otros empresarios que puedan participar como oyentes. Si tienes dudas con este punto puedes consultar la ponencia de **Yolanda Castillo** "Colabora y sé feliz".
- **Aumento de tu lista de suscriptores** que pueden llegar a convertirse en clientes.
- **Aumento de las personas que, aunque no lleguen a suscribirse en estos momentos, van ya a oír hablar de ti y te van a tener en su punto de mira.**
- No sólo te va a conocer muchas más personas, sino que:
  - Van a **percibirte como experta** en tu rubro.
  - Porque realmente quien organiza algo así es porque tiene los **conocimientos** y la **capacidad de liderazgo** para hacerlo.
  - Y porque quienes participan en el evento han sido **cuidadosamente**

escogidos entre los empresarios más potentes de su nicho.

Si no, piensa tú como participante:

- por qué te has apuntado a estas jornadas,
- cómo nos percibes a la organizadora-ponentes,
- y que a lo mejor antes no nos conocías de nada y has pasado a descubrir nuestro trabajo y buen saber hacer.

Por supuesto, el secreto para que funcione está en ofrecer un evento de calidad, con participantes VIP y con ponencias que realmente merecen la pena.

Espero que ésa sea la sensación que te queda de estas jornadas.

Resumen del punto:

Aprovecha el verano para organizar o participar en algún evento que te suponga una inyección de visibilidad y aumente tu posicionamiento como experta en tu rubro.

En estos 5 puntos he tratado de resumirte todo lo que yo haría para sacarle partido a mi verano como empresaria:

1. Genera en los meses de invierno el dinero que calcules que necesitas generar en verano y sepáralo.
2. Utiliza productos o servicios que ya tienes grabados o que tienes en funcionamiento y relánzalos con una buena campaña y una oferta irresistible que incite a la compra.
3. Aprovecha la temporada baja para realizar una buena campaña promocional y venta para tu producto Premium.
4. Crea un producto o servicio nuevo exclusivo para la época veraniega. Comienza ya a publicitar en primavera sembrando expectativa y deseos de compra en tus futuros clientes.
5. Aprovecha el verano para organizar o participar en algún evento que te suponga una inyección de visibilidad y aumente tu posicionamiento como experta en tu rubro.

De hecho, es lo que yo trato de hacer, aunque no llegue a poner en marcha todas las propuestas por falta de tiempo.

Espero que te ayuden a organizar tu tiempo financiero a partir de ahora.

Y que las ponencias de mis compañeras te ayuden precisamente a completar lo que yo he esbozado aquí.

¡Muchas gracias!

Mónica Álvarez

Me encuentras en mi página web:
http://www.HazteExperta.com/

Date de alta en mi lista de correo y recibe **gratis** el curso: **"Herramientas de alta velocidad para tu negocio en la web"**, así como noticias y promociones exclusivas.
http://www.hazteexperta.com/suscribete/

Cómo generar ingresos pasivos

Automatiza tus ventas

Por Vivian Watson

Seguro que has oído decir aquello de que al trabajar online podemos ganar dinero mientras dormimos. Y es verdad: la gran ventaja de un negocio 2.0 es que podemos recibir dinero por nuestros productos o servicios mientras nos dedicamos a otras cosas, como formarnos o disfrutar en familia.

Cuando hablamos de ingresos pasivos nos referimos a aquellos ingresos que provienen de productos que creamos una vez y vendemos múltiples veces. Es por eso que los productos digitales resultan tan atractivos, tanto para quien los vende como para quienes los consumen.

Sin embargo, aunque un producto digital sólo se crea una vez y luego se sigue vendiendo hasta que decidas sacarlo del mercado, es un error pensar

45

que esto ocurre sin que tú, como emprendedora, tengas que intervenir en el proceso. Nada más lejos de la realidad. Si crees que con tener un producto digital creado y a la venta ya puedes dedicarte a contar tu dinero y retirarte a una isla desierta, siento decirte que no es tan fácil ;) Hay que hacer campañas de marketing para que ese producto se venda, de lo contrario, aunque se trate de un producto excelente, nadie se va a enterar de que está allí, y por lo tanto las ventas no llegarán.

Pero, la buena noticia es que las campañas de marketing se pueden automatizar, gracias a las múltiples herramientas de las que disponemos al trabajar online. Eso significa que puedes crear tu producto, automatizar el proceso de compra, diseñar y programar tu campaña de marketing, y dejarlo todo funcionando en piloto automático mientras tú disfrutas de unas merecidas vacaciones.

En ese caso, sólo tendrás que intervenir para atender a los clientes que lo requieran, para responder comentarios en las redes sociales y resolver cualquier problema puntual que se presente. O, mejor aún, puedes delegar esta tarea en otra persona ☺

De eso es de lo que hablamos cuando hablamos de ingresos pasivos. Nos referimos a aquellos ingresos que siguen llegando a raíz de un trabajo previo que hemos dejado hecho.

Introducir diversas fuentes de ingresos pasivos en nuestro negocio online nos permite aumentar nuestras ganancias mientras nos dedicamos a aquellas acciones que realmente nos van a ayudar a seguir creciendo.

¿Suena bien? Veamos cómo se hace.

Paso a paso para tu primera fuente de ingresos pasivos

Paso 1: Descubrir las necesidades de tu audiencia.

Si aún no has definido el tipo de público al que te dedicas, vas a tener que hacer un trabajo previo. Es muy importante tener definido tu nicho de mercado, es decir, el público al que sirves con tu trabajo, y es importante que este público tenga el poder adquisitivo y las ganas de invertir en tus productos o servicios.

Supongamos que te dedicas a enseñar a las personas a alimentarse de manera sana, con el fin de mejorar su salud y bienestar. Podrías elegir trabajar, por ejemplo, con madres trabajadoras, que disponen de poco tiempo pero quieren que su familia coma sano. O podrías dirigirte a ejecutivos de altos cargos que viajan mucho y quieren aprender a alimentarse bien aunque coman en restaurantes a menudo.

Ambos públicos tienen un interés común (mejorar su salud) pero sus necesidades son muy diferentes. Al primer grupo pudieras ofrecerle un recopilatorio de menús rápidos y sanos, con lista de la compra incluida y recomendaciones para cocinar platos sanos que a la vez sean atractivos para los niños. ¿Crees que el segundo grupo estaría interesado en este recopilatorio? La mayoría probablemente no, porque sus necesidades son otras.

Si conoces bien a tu público estarás en posición de crear productos digitales que les ayuden a resolver los problemas que tiene.

Incluso si tienes bien definido a tu público, es una buena idea preguntarles directamente cuáles son sus necesidades. Puedes crear una encuesta online y enviarla a tus suscriptores o publicarla en tu blog. Las respuestas que recibas te serán muy útiles a la hora de decidir el tema de próximo producto digital.

Si quieres algunas recomendaciones para crear encuestas online eficaces, te invito a leer este post que publiqué recientemente sobre el tema.

Paso 2: Crea tu producto digital

Una vez que hayas identificado las necesidades de tu audiencia, crea un producto que les ayude a solucionar UN problema concreto. Uno solo. No intentes resolver todos los problemas de tu público con un único producto, primero porque eso es imposible, y segundo porque terminarás agobiando a tus clientes más que ayudándoles verdaderamente.

Si piensas que crear un producto digital es un proceso largo y tedioso, tengo buenas noticias para ti ☺

No necesitas demasiado tiempo para crear un producto digital. Podrías tener uno terminado en una tarde. Por ejemplo, podrías grabar un vídeo de captura de pantalla. Basta con preparar una sencilla presentación en Power Point y luego grabar tu pantalla mientras hablas (te recomiendo usar Snagit).

En un par de horas o menos lo pues tener hecho.

Aquí tienes algunos ejemplos de productos que puedes crear en poco tiempo:

- Graba un audio o una serie de audios (puedes usar el programa gratuito Audacity).
- Reúne una serie de artículos que hayas publicado en tu blog para crear un e-book.
- Crea plantillas imprimibles en PDF, listas de revisión, etc.
- Crea un curso online combinando vídeo, audio y guías en Pdf.

Una vez que tengas creado tu producto, simplemente súbelo a Dropbox, Amazon S3 o algún otro servicio de almacenamiento en la nube, y comparte el enlace con los compradores para que puedan descargarlo.

Paso 3: Crea un embudo de ventas

Aquí vamos a sacarle todo el partido a tu autorrespondedor, es decir, el servicio que usas para captar los emails de tus suscriptores y enviarles mensajes o boletines.

Los dos autorrespondedores más populares son Mailchimp y Aweber.

Si aún no has contratado un autorrespondedor, este es el momento de hacerlo. Es una herramienta indispensable si quieres generar ingresos pasivos, porque te ofrece la posibilidad de crear una secuencia de emails que se envían a tus suscriptores desde el momento en que se suscriben, con la periodicidad que decidas.

Lo mejor de todo es que tú escribes esta secuencia de mensajes una vez y la dejas programada para que se envíen a cada nuevo suscriptor, en el orden en que la has programado, con el intervalo de días que hayas elegido.

Por ejemplo:

- Mensaje 1: Se envía inmediatamente tras confirmar la suscripción
- Mensaje 2: Al día siguiente
- Mensaje 3: dos días después
- Mensaje 4: tres días después

... y así sucesivamente. Esto es sólo un ejemplo, no significa que todas tus secuencias deban tener estos intervalos, depende del tipo de público al que te diriges y de los objetivos que quieras conseguir.

Aquí tienes un ejemplo de secuencia de autorrespondedor que podrías usar para vender un curso online de precio medio (97-197 euros):

- Mensaje 1: Bienvenida. Enlace de descarga de un regalo, relacionado con el curso online que vas a vender (podría ser un vídeo del curso, por ejemplo)

- Mensaje 2: Pregunta si han podido descargar el regalo, recuérdales el enlace. En la posdata, pregunta si les gustaría saber más sobre el tema del regalo, y pon el enlace a la página de venta de tu curso. Si ofreces un incentivo, como por ejemplo un cupón de descuento con un periodo de validez determinado, mejor.

- Mensaje 3: Cuenta una anécdota personal (para que te conozcan mejor), y ofrece información útil, tal vez enlazando a algún post popular de tu blog, siempre relacionado con el tema del curso que vas a ofrecer. Recuérdales que si quieren saber más, tienes un curso online sobre el tema (enlace a la página de venta), y recuérdales el cupón de descuento.

- **Mensaje 4:** Información útil, y luego describe un par de beneficios de tu curso, con el enlace. No insistas demasiado en que compren. Sólo describe los beneficios (con entusiasmo, eso sí ☺). Si tienes testimonios, puedes compartir alguno.

- **Mensaje 5:** Información útil, anécdota personal. Enlace a tu curso en la posdata.

Te interesa conseguir la mayor cantidad de suscriptores posibles. Para conseguirlo, promociona el regalo a los cuatro vientos. Habla de él en tu blog, en las redes sociales, crea un gráfico (imagen) que represente cómo se vería ese regalo si fuese un producto físico y compártelo junto con el enlace a tu página de aterrizaje (la página desde donde pueden suscribirse a tu boletín).

La publicidad en Facebook funciona muy bien para este tipo de estrategias, porque puedes segmentarla para que la vea únicamente el tipo de personas a las que te diriges. Además, puedes empezar con muy poco dinero y aumentar tu inversión a medida que vayas aprendiendo qué es lo que mejor funciona para tu tipo de público en concreto.

Una vez que tengas tu embudo en marcha, analiza tus resultados para ver qué está funcionando y qué no, y para que puedas introducir cambios donde haga falta.

Vivian Watson

Aprovecha el verano para sacar jugo a un producto que ya tengas hecho

Que no te paren el verano y la temporada baja

Por Azucena Caballero

El verano es la peor época para vender en un emprendimiento online que no ofrezca productos puramente estacionales. Es una realidad y hay que asumirla. Pero al mismo tiempo sigue siendo una época en que si te organizas bien puedes seguir generando ingresos al mismo tiempo que disfrutas de tus vacaciones.

¿Cómo podemos hacerlo?

La realidad es que te **conviene pensar en algo que te ayude a generar pero que no te de mucho**

trabajo, ya que en verano si es cierto que se vende, no se suele vender igual que si lo haces en otras épocas del año, así que no vale la pena desgastarte mucho ahora, solo aprovechar cosas que ya tienes y darles una vuelta para que en estos días te generen ingresos y no notes tanto el bajón durante esta época del año.

¿Qué vamos a hacer para generar ingresos en verano trabajando lo mínimo posible para poder disfrutar también de nuestras merecidas vacaciones?

- **Desempolvar productos que ya tengas.** ¿Qué cursos o talleres diste el año pasado? ¿Qué ebook publicaste hace tiempo? ¿De qué tienes audios, vídeos o textos ya a punto?

- Con los productos que ya tengas a punto para vender, en verano, puedes aprovechar y **hacer paquetes especiales con ofertas de verano irresistibles**, tipo 2 x 1, rebajas superiores al 40% en alguno de tus productos, etc.

- **De estos productos que ya tienes puedes sacar un producto nuevo**. Si tienes un ebook, aprovecha y saca ahora el audiolibro (solo has de grabarte a ti misma leyendo ese libro), si tienes audios, monta con ese audio y diapositivas vídeos, encarga transcripciones y utiliza el material para un curso, para un libro, para algo nuevo. Crea un programa nuevo con ese material que ya tienes, por ejemplo, si tienes vídeos hechos, transcribe el texto, haz pdfs que acompañen al vídeo y para dar mayor valor prepara audios, que podrían ser el mismo audio, o que si quieres dar un extra y que tus clientes tengan más apoyo por tu parte pueden ser audios de ampliación, pueden ser la lectura comentada y ampliada de los textos que les vas a dar. Hay muchas formas de sacar jugo a algo que ya tengas.

- Busca la forma de **darle un giro estacional** a algo de lo que tengas de forma que puedas venderlo como un producto idóneo para el verano, o como un producto idóneo para adelantarse a la llegada del otoño.

- Aprovecha uno de los cursos o programas que ya hayas dado, de los que des con clases en vivo y **véndelo ahora en formato "Self Study".** Es un formato estupendo, cada uno lo hace a su ritmo, y tú solo has de dar las grabaciones y materiales. No has de estar en vivo. Al no estar tú presente con sesiones de preguntas y respuestas, etc, puedes bajar el precio, y vender tu programa estrella a personas que no lo pudieron comprar cuando tenía un calendario de sesiones en vivo porque no podían participar o no podían pagar el precio real de tu programa pero que sí se animarán ahora que es todo grabado y un poco más económico.

- Si durante el verano interrumpes alguno de tus cursos o programas hasta que llega septiembre aprovecha ahora y haz una venta del mismo **enfocándote en que durante el verano se van a poder poner al día y en septiembre incorporarse al resto de clases** en igualdad de condiciones que el resto de compañeros.

Las claves fundamentales para que esto te funcione son:

- **Carencia**: Pon una fecha límite, la gente tiende a posponer las cosas, más cuando están de vacaciones y pendientes de otras cosas, así que tienes que recordarles que esto se agota, se acaba, y que si lo quieren han de comprar ya. En cada uno de los boletines que mandes durante la campaña de venta incluye como postdata cuantos días o cuantas horas quedan para que la oferta expire. También puedes usar la carencia de plazas si es una oferta limitada a un número de personas. En ese caso has de ir actualizando cuantas plazas quedan disponibles.

- **Deseo**: Cuando prepares tu estrategia de marketing tienes que incidir el mayor beneficio que tu producto ofrezca a algo que tus clientes desean. Para que tus clientes compren han de desearlo, no basta con necesitarlo, hay muchas cosas que la gente necesita y evita, por ejemplo ir al dentista, o apuntarse a una academia de idiomas. Sin embargo cuando desean algo es mucho más fácil que lo compren, si no que se lo digan a las zapaterías, que la mayoría de personas que compran zapatos no es que necesiten unos nuevos, pero sí los desean, o a los gimnasios, que la mayoría de personas se apuntan por el enorme deseo de mejorar su salud o su físico, independientemente de si lo necesitan o no, o de si luego van a acudir al gimnasio o no. De hecho los gimnasios basan todo su negocio en que jamás acudan todas las personas que se apuntaron. Y de hecho muchos apenas van pero siguen pagando porque desean ir, desean adelgazar, y ese deseo hace que no quieran soltar esa posibilidad. Así que lo fundamental es conectar con el deseo y la motivación de nuestro cliente ideal. Piensa bien en cual es el mayor deseo de tus clientes y en como lo soluciona tu producto y basa toda tu campaña, y especialmente tu carta de venta, en conectar con ese anhelo y en dejar claro que les vas a dar la solución que estaban buscando. El éxito de tu marketing está en **la percepción de valor que logres crear en tus clientes** para que den el paso de invertir y adquirir lo que les ofreces.

- **Insistencia**: Tienes que insistir, te tienen que ver hasta en la sopa. La gente no vive pendiente de ti, así que aunque tú creas que estás publicando mucho en redes sociales o que estás enviando suficientes boletines, probablemente no sea así. Piensa en la Coca Cola, es famosísima, y aún así está en todas partes, en los servilleteros de los bares, en las sombrillas de la playa, en las paradas del autobús... Bueno, pues tú no eres tan famosa todavía así que es necesario que se te vea. Programa tus redes sociales de forma que durante la campaña al menos tres veces al día publiques tu oferta. Esto lo añades al resto de publicaciones de contenido y valor que estés haciendo. Y durante tu campaña de venta no te cortes en mandar boletines, envía uno a diario, y en los últimos dos o tres días manda dos cada día, incluso si quieres puedes mandar tres el último día. Las personas se lo piensan mucho y esos últimos boletines provocan que algunos indecisos tomen acción y compren antes de que se les escape la oportunidad. Si sigues teniendo dudas sobre si insistir o no responde a esta pregunta: ¿Sabes qué está haciendo en estos días Kevin Costner? Si tu respuesta es no, teniendo en cuenta que es un señor famosísimo, guapísimo, millonario, ganador de varios Óscars, que ha hecho películas mejores y películas peores (vamos, algunas fatales, recuerda que produjo Rapa Nui), en definitiva alguien de quien sería muy fácil saber qué está haciendo, no vuelvas a cuestionar nunca más si haces bastante publicidad. No la haces. Si la gente no está pendiente de lo que hace Kevin Costner, aún menos está pendiente de lo que tú o yo estemos haciendo. Publicita, publicita, publicita. O logras que te vean o no existes. Es así.

Sobretodo hazlo todo sencillo, ya que en verano se vende menos, no te desgastes demasiado ya que necesitas enfocarte en lo que sacarás de cara al último cuatrimestre del año que es el mejor de todos en cuanto a ventas siempre.

Lo fundamental es decidir qué quieres reaprovechar, hacerlo todo simple, preparar una muy buena carta de ventas enfocada en beneficios y resultados, ya que esa página es la que va a acabar de cerrar o no la venta a quienes lleguen a ella.

Prepara una secuencia de marketing con distintos boletines:

1. Crea expectativa anunciando qué oferta vas a sacar y durante qué días.
2. Informa de que la oferta ya está disponible.
3. Manda contenido de valor relacionado con aquello que estás vendiendo.

4. Aporta testimonios de personas que ya hayan adquirido tu producto y puedan contar su experiencia.
5. Incide en el límite de días para comprar.
6. Ahonda en los beneficios que reporta adquirir ahora esta oferta.
7. Insiste.
8. Agradece la atención prestada y explícales que dentro de X horas ya no podrán optar por esa oferta especial y que ya no van a recibir más mensajes sobre la misma.

Por último, para que tu campaña sea lo más provechosa posible, te voy a contar los 6 motivos más comunes por los que las personas no suelen comprar.

De esta forma, **a través de tus boletines y de tu carta de ventas podrás dar respuesta a este tipo de objeciones y podrás aumentar tus ventas:**

1. **No entienden el valor de lo que ofreces.** Necesitas dejar muy claro el valor, el beneficio, el resultado o el alivio que tu producto o servicio les va a dar, si no lo entienden no compran. Nunca des por supuesto que es algo obvio, jamás lo es.

2. **No entienden qué vendes.** Has de ser clara y específica en lo que estás ofreciendo, si es un ebook, di en qué formato si se puede imprimir o no, etc. Si es un curso di de cuantos módulos consta, qué materiales van a recibir, si tiene bonos extra o no y en qué consisten. Por ejemplo, no basta con decir que vendes acceso a una comunidad para blogueras, tienes que explicar en qué consiste exactamente y qué incluye con pelos y señales: foro, grupo de Facebook, acceso a imprimibles, a clases grabadas, a sesiones de preguntas y respuestas en vivo, nada de eso, algo totalmente diferente... Lo que sea, déjalo claro.

3. **No confían todavía en ti:** necesitas dejar clara tu fiabilidad, tu conocimiento. Da valor, ofrece información gratuita en tus boletines, redes, etc. Haz algún regalo. Usa testimonios que den prueba de tu fiabilidad y experticia.

4. **No creen que ellos puedan hacer eso.** Explica lo sencillo y accesible que es para todos lo que ofreces. Habla de cómo si tú pudiste, cualquiera puede. Refuerza tus argumentos enviando casos de estudio y

testimonios de personas que lo han hecho a tu boletín, etc.

5. **No lo quieren en "este preciso momento".** Da acceso sin límite, envía la grabación, ten opción self study....

6. **No tienen tiempo.** Muestra lo sencillo y simple que es tu sistema, como con muy poco tiempo al día pueden avanzar, habla de cómo todos tenemos las mismas horas al día y solo cambia en qué las usamos cada uno. Refuerza la idea de acceso ilimitado al contenido, para que el tiempo no sea problema, ya que cada uno va a su ritmo...

Tienes que pensar en cómo solucionar cualquier objeción e ir un paso por delante.

Para que puedas disfrutar de tus vacaciones mi consejo es que las ofertas que saques en verano duren poco, tres días, o como mucho una semana, ya que mereces descansar también y recargar pilas.

Deseo que estos consejos te ayuden y hagan que este verano sea muy productivo para ti.

Gracias por leerme.

Azucena Caballero.

Me encuentras en http://PedagogiaBlanca.net

Agradecimientos

En primer lugar agradecer a todas y cada una de las personas que participaron en las 1as Jornadas de Verano para mamás empresarias. Todo esto que has leído en el libro surgió por ellas y para ellas. Muchas gracias por creer en el proyecto y por acercaros al grupo a compartir. ¡Mil gracias!

A mis compañeras ponentes: Lily Yuste, Yolanda Castillo, Lydua Martínez, Vivian Watson, Leticia del Corral y Azucena Caballero. Por su generosidad a la hora de compartir todos estos contenidos tan valiosos para cualquiera que comience en el apasionante mundo del emprendimiento on line. Por compatir su conocimiento y su sabiduría. ¡¡¡Muchas gracias!!!

A mi marido e hijos que soportaron estoicamente todo el lío que suponer organizar, coordinar y estar presente en un evento como este. En pleno mes de julio y en plena mudanza. ¡Gracias y os quiero!

A ti lector y lectora que has descargado este ejemplar y has leído hasta aquí. Muchas gracias por tu interés, por recomendar el libro y por dejarnos tu reseña en Amazon ;)

MÓNICA ÁLVAREZ ÁLVAREZ (autora y coordinadora)

Índice de autoras

Soy Mónica Álvarez, coordinadora de este proyecto.

Ayudo a otras mujeres a solucionar sus bloqueos, afinar sus capacidades y a empoderarse para lograr sus sueños a través de sus negocios online.

Descubre más sobre mí en:

http://www.hazteexperta.com/

Descubre mi curso gratuito para mamás empresarias en:

http://www.hazteexperta.com/suscribete/ y accede a contenido de valor y ofertas exclusivas de mis productos.

Soy Lily Yuste.

Titulada en Principios de Coaching e Inteligencia Emocional.

Coach de Negocios on line Optimizados a través de Tu Ciclicidad Femenina.

http://www.LilyYuste.com

Soy Yolanda Castillo.

Mompreneur friki obsesionada por ayudar a las mujeres a cumplir sus sueños y a las mamás a empoderarse.

Directora para LATAM de The Founding Moms y fundadora del Círculo de Mujeres Creativas.

Mi mejor momento es ahora.

Me encuentras en:
http://www.yolacastillomx.com

Soy Lydia Martínez

Experta en emprendimiento. Mi misión es ayudar a mujeres con visión y espíritu emprendedor a crear sus ideas de negocio en general.

En particular, a montar y mantener su negocio local exitoso mediante estrategias y recursos que yo utilicé por más de 15 años en mis diferentes boutiques.

Creo que las mujeres tienen habilidades y dones para crear un negocio sólido que les genere ingresos más que suficientes y que vivan con tranquilidad y libertad financiera.

Disfrutando de su negocio día a día.

Me encuentras en mi blog, Google +, Twitter, Facebook y Pinterest.

www.creandoyemprendiendo.com

Soy Leticia del Corral.

Especialista en estrategia de negocio y marketing **estratégico con** más de 10 años de experiencia.

Ayudo a negocios con problemas a ser más

71

rentables **antes y mejor diseñando modelos de negocios y estrategias de marketing perfectas para cada emprendedor.**

http://www.LeticiadelCorral.com

Soy Vivian Watson

Soy asesora de negocios online para agentes de transformación. Mi misión es ayudar a coaches, consultores, formadores y terapeutas a llevar sus negocios a la red para que puedan liberar su tiempo y alcanzar una mayor libertad.

Trabajo online desde el año 2010, cuando creé el popular blog de crianza Nace una Mamá. En aquel entonces no conocía el mundo de los negocios digitales, pero tenía una motivación: había sido madre recientemente y no quería dejar a mi bebé para salir a trabajar. Por eso me puse como meta el generar ingresos desde casa y construir un negocio online sólido y rentable, que me permitiera vivir el estilo de vida que quiero sin que eso implique quitarle tiempo a mi familia.

No conseguí mi meta de la noche a la mañana, pero cuando nació mi segunda hija, en 2013,

pude darme el lujo de dedicarme a ella mientras mi negocio seguía creciendo.

Es mucho lo que he aprendido desde entonces, y mi compromiso es compartir aquello que sé que funciona con mis clientes, para que consigan sus metas en menos tiempo.

Te invito a seguirme en mi blog:
http://VivianWatson.com

Soy Azucena Caballero.

Co-directora y fundadora del los cursos y programas de coaching Mujeres Empoderadas, Alto Rendimiento y de La Pedagogía Blanca.

Licenciada en Historia, profesora, conferenciante, madre homeschooler, empresaria y coach.

Sus áreas de trabajo se reparten fundamentalmente en diferentes servicios orientados a la educación, el empoderamiento femenino, el emprendimiento para mamás y la productividad y gestión del tiempo.

Autora, entre otros, de los libros: "Organiza tu hogar en 30 días", "Mamá logra tus objetivos", y "Mamá Motivada. 30 propuestas para maximizar nuestra motivación e inspiración diaria".

MÓNICA ÁLVAREZ ÁLVAREZ (autora y coordinadora)

Me encuentras en:

http://PedagogiaBlanca.net

http://MujeresEmpoderadas.com

¿Y tú qué emprendes en verano?

http://HazteExperta.com

MÓNICA ÁLVAREZ ÁLVAREZ (autora y coordinadora)